AF410874

DE LA VENDÉE

EN

1832.

IMPRIMERIE D'A. PIHAN DE LA FOREST,

Rue des Noyers, n. 37.

DE LA VENDÉE

EN

1832.

PAR M. LE VICOMTE DE **LEZARDIERE**,

ANCIEN DÉPUTÉ.

> Quand une république est parvenue à détruire ceux
> qui voulaient la renverser, il faut se hâter de mettre fin
> aux vengeances, aux peines et aux récompenses même.
> On ne peut faire de grandes punitions et par consé-
> quent de grands changemens, sans mettre dans les
> mains de quelques citoyens un grand pouvoir. Il vaut
> donc mieux dans ce cas pardonner beaucoup que punir
> beaucoup, laisser les biens que de multiplier les con-
> fiscations. Sous prétexte de la vengeance de la républi-
> que, on établit la tyrannie des vengeurs. Il n'est pas
> question de détruire celui qui domine, mais la domina-
> tion. Il faut rentrer le plus tôt qu'on peut dans ce train
> ordinaire du gouvernement, où les lois protégent tout
> et ne s'arment contre personne.
>
> MONTESQUIEU, *Esp. des Lois*, liv. XII, ch. XVIII.

PARIS,

A. P. DE LA FOREST, rue des Noyers, n° 57.
ET HIVERT, Libraire, quai des Augustins, n° 5.

AVERTISSEMENT.

Témoin de l'affreuse oppression sous laquelle gémit aujourd'hui la Vendée, j'ai cru devoir la signaler à l'indignation publique. Les ministres semblent avoir réservé aux Vendéens le sort des Irlandais? qu'ils ne s'y trompent pas. Le modèle serait mal choisi. Cromwell ne se prétendit pas libéral. S'il fut atroce envers l'Irlande catholique, du moins ne fut-il pas fourbe. Si le joug de fer qu'il appesantit sur cette contrée a continué de l'accabler, c'est un opprobre pour le gouvernement anglais, c'est un reproche, et un danger toujours subsistant. D'ailleurs tout est différent ici ; la position topographique de l'Irlande et de la Vendée, le dix-septième siècle et le dix-neuvième. Les mœurs publiques de l'Angleterre sous Cromwell n'ont pas plus de rapport avec les mœurs publiques de la France de 1833, qu'il n'en existe entre ce puissant usurpateur, la hardiesse de son despotisme, et les tracasseries de police de nos hommes d'État.

On a tant parlé de liberté depuis quelques années qu'il serait temps de la connaître enfin, d'en comprendre les conditions, de la vouloir pour tous. La France est divisée en tant de nuances d'opinions, successivement arrivées au pouvoir, que les esprits généreux, les hommes de bon sens doivent sentir la nécessité de combattre l'arbitraire qui opprime aujourd'hui les autres, ne fut-ce que pour ne pas justifier d'avance l'arbitraire qui les opprimera l'année prochaine.

Je ne subis l'influence d'aucun grief personnel. Je suis resté toute l'année dans la Vendée, à la campagne, au sein de ma famille; nous n'avons eu à nous plaindre d'aucune vexation, d'aucune insulte.

Il est aussi loin de mes principes que de

mon caractère de faire un appel aux passions,
de soulever des haines, d'envenimer des faits.
Mais si la vérité est dure, je ne craindrai pas
de la dire. Juger sévèrement les fautes des
hommes puissans, demande peu de courage;
j'aurai celui de signaler celles des hommes
même qui sont malheureux. J'ai le droit
peut-être de parler des torts de ceux dont
j'ai partagé les croyances et les affections,
puisque la révolution de 1830 m'a vu défendre à la tribune ces affections et ces croyances. Je dois espérer d'être cru du petit
nombre des hommes qui veulent encore en
France la liberté, puisque je n'ai jamais man-
qué à défendre les franchises nationales. Ma
carrière politique a été peu éclatante sans
doute : elle m'a montré du moins toujours
fidèle à la monarchie et à la liberté.

Qu'on n'oublie pas cependant que si quelques reproches peuvent être adressés au parti
légitimiste de l'Ouest, les torts des partis ne
justifient aucunement les erreurs et les excès
des hommes placés à la tête des affaires. Quelle

que ait été la position antécédente de ces hommes, le pouvoir leur crée des devoirs nouveaux, ils cessent d'être les hommes d'un parti, ils doivent être les modérateurs de tous.

Je suis fondé à penser que tous les départemens soumis à l'état de siège souffrent à peu près des malheurs pareils. Mais, comme je tiens à n'avancer que des faits dont j'aie une parfaite connaissance, je ne parlerai avec détails que de ceux qui se sont accomplis dans le département de la Vendée.

CHAPITRE PREMIER.

Etat présent de la Vendée.

C'est en vérité une tâche difficile que de donner aux habitans des provinces paisibles l'idée du sort d'un pays en état de siège. Des colonnes mobiles sillonnent dans tous les sens le département de la Vendée. Les lieutenans et les sous-lieutenans qui commandent ces colonnes y exercent un pouvoir illimité : le droit de vie et de mort y est littéralement remis entre leurs mains. Si des paysans *désarmés* aperçoivent une de ces colonnes et qu'ils fuient devant elle, on leur tire des coups de fusil. Plusieurs hommes étrangers à l'insurrection ont été tués de cette manière.

J'accorde qu'ils avaient tort de fuir. Ceux qui se laissent atteindre par les colonnes ne sont pas tués ; mais souvent cruellement battus et toujours accablés d'injures et de menaces. La maraude est de droit commun, le pain, les volailles, le vin sont pillés, les femmes fréquemment outragées. Des plaintes sont portées : on n'obtient point de justice, l'on se lasse et on craint par des réclamations inutiles de s'attirer des traitemens plus cruels encore.

Ces féroces mesures sont tolérées, dit-on, parce qu'elles sont un moyen de détruire les bandes de réfractaires qui parcourent la Vendée. Elles sont propres à éterniser le mal.

Le peuple était fatigué de l'existence de ces bandes. Les pères de famille, les chefs de fermes et de métairies ont d'abord éprouvé de la pitié, de la sympathie peut-être pour des réfractaires inoffensifs, pour des hommes réunis au nom d'un parti qui fut le leur. Le temps a produit son effet, des hommes de mauvaise conduite ont pu s'introduire parmi ces jeunes gens, la prolongation d'une vie errante et oisive amène à sa suite des vices et de la corruption ; des violences, des crimes ont été commis. L'intérêt qu'ils inspiraient a cessé, le peuple désirait vivement qu'on réussît à les dissoudre. Les violences, les insultes des colonnes mobiles les ont rendues plus redoutables aux habitans paisibles que les bandes auxquelles elles faisaient la guerre. Les excès des troupes de ligne, en aigrissant le peuple, lui ont inspiré des sentimens moins hostiles aux réfractaires.

Il n'est pas aisé de réduire par la force des réfractaires qui, divisés en très petites bandes, ont une parfaite connaissance du pays qu'ils parcourent, quand ce pays est difficile, coupé de bois, de fossés et de haies. Il ne faut pas espérer que les paysans les dénoncent ; d'abord la délation n'est point dans nos mœurs : puis elle serait d'un danger réel.

J'ai ouï faire un crime à des métayers de ce qu'ils avaient donné du pain à des réfractaires. Quand huit ou dix hommes armés envahissent une maison isolée, je le demande, est-il possible de leur refuser ce qu'ils peuvent prendre ?

Sans doute, il eut été facile de faire rentrer sous les drapeaux les réfractaires, les jeunes gens qu'une fausse direction politique avait égarés. Si quelques bandes étaient restées, aucun intérêt ne se fut porté sur elles : on n'y eut plus vu que des malfaiteurs. Les fautes commises depuis long-temps par le gouvernement rendent, j'en conviens, sa conduite difficile aujourd'hui.

Ce serait ici le lieu de parler du détestable effet des sauf-conduits donnés et révoqués lors des premiers troubles. Mais tout a été dit à ce sujet avec talent et courage dans la défense de Sortant à Blois, par M. E. Janvier, avocat à Angers, auquel nous avons dû aussi un excellent écrit sur l'illégalité des conseils de guerre.

Je me tairai pareillement sur l'emploi des garnisaires qui, punissant les parens pour leurs enfans, confond toutes les idées de droit et de justice. Ici, la magistrature est saisie : les citoyens doivent attendre avec confiance. Le tribunal civil de Fontenay-le-Comte a pris sur cette question une honorable initiative.

Les amnisties conditionnelles ont produit et produiront peu d'effet. La raison en est facile à concevoir. Dès le premier moment où il éclata des troubles, le zèle âpre de MM. les membres des parquets multiplia les mandats d'amener, les prisons furent encombrées. Je pense en vérité que dans le département de la Vendée, il y eut plus de prisonniers qu'il n'y avait eu d'insurgés. Des ordonnances de *non-lieu* en ont depuis ce temps fait mettre en liberté des centaines. Mais beaucoup de déserteurs, de fugitifs savent qu'ils sont sous le coup de mandats d'amener, et jamais un paysan ne se décidera, quelque peu fondée qu'il sache la prévention qui pèse sur lui, à venir se constituer prisonnier.

Soyons justes, l'appréhension que cause à ces malheureux la distribution de la justice est quelque peu fondée, elle leur apparaît menaçante.

Tous les hommes d'un état élevé, incriminés pour des faits relatifs aux insurrections de l'Ouest, sont traduits en jugement devant des cours d'assises de départemens éloignés, devant des jurés étrangers aux passions locales, qui jugent non des amis ou des ennemis, mais des accusés. Aussi la jurisprudence de ces jurys est-elle généralement douce et équitable : elle est dans nos mœurs actuelles qui ont aboli la peine de mort pour délits politiques, en attendant que les pouvoirs de l'Etat donnent à cette décision la sanction de la loi. Sous tous les rapports on doit savoir gré à la Cour de Cassation de cette évocation des causes politiques devant des cours d'assises éloignées.

Mais les simples paysans sont constamment traduits devant les assises de la Vendée. Or les jugemens de cette cour forment le plus parfait contraste avec les arrêts des cours d'assises de la Charente, de Loir-et-Cher, d'Eure-et-Loire. Les condamnations à mort y sont fréquentes. Des condamnations à mort fréquentes en France, en 1832! et ce qui ne se verrait nulle part ailleurs, on punit des galères des crimes politiques. J'espère que nous ne serons attristés que du scandale des arrêts, et que le droit de grace nous épargnera le scandale de leur exécution.

Je suis persuadé que les jurés si sévères à Bourbon-Vendée seraient indulgens, si l'on traduisait devant eux, pour faits pareils, des accusés de Loir-et-Cher ou de la Charente.

Mais dans leur pays, ils subissent l'influence des haines, des affections, des passions locales, auxquelles la justice doit toujours être rendue étrangère. MM. du parquet, d'ailleurs, épuisent constamment leur droit de récusation. Le jugement du jury doit être le jugement du pays : on lui donne, autant qu'on le peut, le caractère du cruel triomphe d'un parti.

Un grand mal tiendrait-il à une petite cause ? Ferait-on juger les malheureux paysans de la Vendée dans leur pays, parce que l'évocation des causes devant des tribunaux éloignés entraînerait des frais considérables, chargerait le budget de la justice ; d'autant plus que condamnés ou absous, il s'agit ici de prévenus insolvables.

L'économie est de soi une chose louable ; et j'aime que le ministère la juge ainsi. Mais en étudiant le budget, il pourrait trouver occasion de faire des épargnes plus importantes aux contribuables, et qui n'outrageraient ni l'humanité ni la morale.

CHAPITRE II.

Faits qui ont motivé l'état de siège.

Ce chapitre sera fort court. Il est uniquement destiné à démontrer qu'il n'y a eu dans l'Ouest ni insurrection ni guerre civile; mais seulement quelques échauffourées partielles. Nulle part la population d'un arrondissement, d'un canton, d'une commune, ne s'est soulevée. Je ne crois pas que sur un seul point dans l'Ouest, 1,000 hommes aient été rassemblés sous le drapeau blanc. Dans le département de la Vendée, il n'y a pas eu 300 insurgés. Partout, le fond du peuple, la classe des métayers est demeurée paisible. Il s'est trouvé des états-majors, point de soldats. *La guerre* a duré 4 jours, elle a été peu sanglanté partout. Je crois savoir d'une manière positive, que le 17ᵉ régiment d'infanterie légère, en garnison à Bourbon-Vendée, qui a porté tout le poids de *la guerre* dans ce département, n'a pas eu un seul homme tué ni blessé.

Des bandes de réfractaires existaient dans l'Ouest avant le mois de juin, elles y existent encore; c'est un désordre, c'est un malheur que personne ne déplore plus sincèrement que moi; mais assurément cela ne constitue pas une guerre civile, une insurrection.

CHAPITRE III.

Inutilité de l'Etat de siège. — Désarmement.

Sɪ, au lieu de durer quatre jours, les mouvemens insurrectionnels se fussent prolongés pendant quelques semaines, tels qu'ils ont existé ; je ne pense point qu'ils eussent été un motif suffisant pour établir l'état de siège, en admettant que le ministère eut ce terrible droit. Mais ainsi qu'on l'établit à Paris, après que la révolte eut été réprimée, ainsi dans l'Ouest, ce fut après la dispersion des insurgés, que cette suspension de toutes les lois, de tous les droits, de toutes les libertés fut prononcée. On aurait dû la lever du moins comme on le fit à Paris, le jour où la Cour de Cassation eut arraché les citoyens français à la justice ex

péditive des conseils de guerre, dont la créa-
tion était le seul motif de cette violente me-
sure.

L'illégalité de l'état de siège et de l'attri-
bution aux conseils de guerre des causes
qu'on leur livrait, la monstruosité de l'effet
rétroactif ont été si victorieusement établies
par de nombreux écrits, que je ne dois pas
rentrer dans une discussion épuisée : je me
borne à démontrer que cette violation des lois
était inutile.

Assurément, s'il y avait dans un département, dans une commune , des insurgés,
il n'était pas besoin de mesures exception-
nelles pour donner aux troupes le droit de les
combattre. Les lois protectrices des droits et
de la liberté des citoyens n'empêchent aucunement de réprimer, de poursuivre, de saisir
ceux qui transgressent les lois. Des colonnes
mobiles, des cantonnemens peuvent être éta-
blis hors de l'état de siège. Le désarmement
même peut s'opérer légalement.

Alors, il est vrai, le désarmement ne se
pourrait faire qu'avec des formalités dont
l'autorité militaire a su s'affranchir. Elle a

méconnu dans la Vendée le droit de pro-
priété, comme le droit de cité.

On a vu, dans des communes où il n'exis-
tait pas un réfractaire, où pas un insurgé
n'avait paru, des colonnes mobiles envahir
toutes les maisons, y enlever les armes de
chasse, aussi bien que les armes de guerre.
Un sous-lieutenant, ou un sergent-major
s'en emparait, sans les signaler, sans en donner de reçu. Chargés sur des charrettes, sans
ordre et sans précaution, les fusils ont été
ainsi transportés à Nantes, brisés et détériorés
pour la plupart, entassés par milliers dans
les arsenaux de cette ville; il sera impossible
aux propriétaires de les y retrouver jamais.

On a voulu pouvoir écrire dans les jour-
naux que la Vendée était désarmée : que 30,
40 mille fusils étaient rentrés dans les arsenaux de l'État : et dans un moment où l'on
oubliait beaucoup de choses, on ne s'est pas
souvenu qu'un fusil de chasse était une pro-
priété tout comme une autre, et que la charte
parlait mal de la confiscation. Le fait est qu'on
a trouvé très peu d'armes de guerre. Il exis-
tait chez de vieux Vendéens d'anciens fusils

de munition, sans baïonnettes, sans capu-
cines, avec des baguettes de bois : en tout très
peu d'armes propres à faire la guerre.

Certainement, il est des mesures préven-
tives qui sont dans le droit de tout gouvernement. J'admets qu'il fût utile, dans quelques
localités, d'enlever même les armes de chasse.
Cet enlèvement se pouvait opérer sans bruta-
lité, sans confiscation; chaque fusil pouvait
être signalé, estimé, un reçu pouvait en être
délivré par le maire : le propriétaire devait
savoir en quel lieu il était déposé, être assuré
de le retrouver quand l'ordre serait rétabli. Il
n'était pas besoin de l'état de siège.

Cet état suspend par le fait tous les droits
qu'ont les citoyens à la protection de l'administration. Il y a plus, l'autorité passe, non pas
aux mains des chefs militaires supérieurs, mais
en celles des officiers inférieurs ; chacun d'eux
se crée librement des droits, se fait une charte
à sa guise. J'ai la connaissance très positive
d'une visite domiciliaire faite récemment par
une colonne mobile, sous les ordres d'un lieu-
tenant du 17ᵉ léger, dans la maison d'un propriétaire de la Vendée, absent momentané-

ment de chez lui. Cette visite a été des plus honnêtes, on n'y a volé qu'une poire à poudre. De retour chez lui, le maître de la maison qui avait eu plusieurs fois à se louer des procédés du général Rousseau , commandant le département de la Vendée , crut devoir lui écrire , pour lui demander par quels motifs il avait ordonné cette visite. Le général répondit qu'il n'avait point ordonné la fouille faite chez ce particulier.

L'état de siège n'a point amené la réduction des bandes de réfractaire ; il a donc été inutile sous ce rapport : je le répète, il n'a été décidé, il n'était nécessaire que pour établir dans l'Ouest la juridiction des conseils de guerre.La Cour de Cassation ayant heureusement rappelé aux ministres que la Charte désire qu'aucun Français ne soit soustrait à ses juges naturels; pourquoi s'obstinent-ils à maintenir un état odieux? C'est de l'illégalité en pure perte.

Un grand abus sort de l'état de siège. Les troupes qui administrent et rendent la justice dans l'Ouest, reçoivent la solde de guerre. N'est-il pas à craindre que pour prolonger

cet avantage, on cherche en quelques occa-
sions à faire croire nécessaire la durée de l'é-
tat qui le procure, que des faits soient alté-
rés dans des rapports, qu'on présente des
violences exercées sur des habitans paisibles
comme des mesures nécessitées par une insurrection ?

CHAPITRE IV.

D'un arrêté du préfet de la Vendée.

La tyrannie de l'état de siège devrait au moins affranchir la malheureuse Vendée de toute autre tyrannie. Il n'en est pas ainsi.

Un arrêté de M. le préfet de la Vendée, du 6 décembre 1832, invoque contre le département dont l'administration lui est confiée, la loi du 10 vendémiaire an 4, qui rend les communes responsables des délits commis sur leur territoire. Cette loi dont la date explique la barbarie, est aussi absurde qu'atroce appliquée à nos communes rurales. En effet, dans un pays pauvre et mal cultivé, les habitations sont isolées les unes des autres ; une faible population est disséminée sur une superficie de terrain fort étendue. Là un habi-

tant paisible peut être pris à partie pour un
crime commis à deux lieues de son domicile,
crime qu'il n'a pu ni prévoir ni prévenir.
Le pays que vous menacez de l'application
d'une telle loi, doit s'organiser en état de défense. Une sorte de garde nationale mobile
doit se former en chaque commune, des pa-
trouilles doivent parcourir les routes, les
bois, les carrefours, pour pouvoir préserver
la commune de la ruine dont vous la menacez. Loin de désarmer un tel pays, la justice,
la probité veulent que vous lui fournissiez
des armes, s'il en manque. Étrange inconséquence assurément : si une commune rurale
essayait une des mesures dont vous lui im-
posez la nécessité, vous vous empresseriez de
sévir contre elle. L'arrêté de M. A. de Jussieu,
est précédé d'une proclamation acerbe, que
ce jeune magistrat termine en disant que *les
communes doivent d'autant moins décliner la
responsabilité des délits commis sur leur territoire, sous le régime actuel, qu'il a étendu
leurs droits et par conséquent leurs devoirs.*

Je cherche en quoi consiste l'extension des
droits de nos communes ; je reconnais qu'on

nous a fait des devoirs bien difficiles à remplir.

Je comprends parfaitement qu'un préfet supporte impatiemment l'inutilité à laquelle le condamne l'état de siège. Et moi aussi, j'ai exercé ces honorables fonctions dans des temps, il est vrai, très différens de ceux où nous vivons. Je ne sais si je comprenais bien les devoirs qu'elles m'imposaient; mais, placé dans un département où mes fonctions étaient rendues faciles par l'excellent esprit des habitans et la bienveillance dont on m'entourait, je me regardais comme obligé également à faire exécuter les ordres du roi et à y faire paraître douce son autorité. Si un pouvoir supérieur au mien y fut venu exécuter des mesures rigoureuses, j'ignore si je me serais senti la force d'en demeurer témoin : mais très certainement, si je n'avais pu adoucir ces rigueurs, je n'y aurais pas ajouté de mon côté, pour faire croire que j'avais encore quelque puissance. Je n'aurais pas évoqué ni créé une législation, une jurisprudence, parce que à tort ou à raison je n'aurais cru à l'administration ni ce droit ni ce devoir.

CHAPITRE V.

Désespoir du peuple de la Vendée.

D'après tout ce qui précède, on voit quel est le malheur de ce pauvre peuple; on conçoit à quel désespoir il est livré. On ose cependant lui faire un crime de ne pas bénir une révolution, qui, faite au nom de la liberté, appesantit sur lui la plus dure tyrannie. L'injustice est plus difficile à supporter que la cruauté mème : or, quelle injustice est plus accablante que celle qui met hors de toutes les lois un département de 350,000 ames, qui le livre depuis sept mois aux vengeances de la conquête, parce que 2 ou 300 hommes, y ont été insurgés durant quatre jours.

Les hommes simples jugent l'ensemble des

évènemens par les détails qui sont sous leurs yeux. C'est donc vainement qu'on vient dire à un paysan vendéen que la révolution de 1830 ne ressemble point à celle contre laquelle s'armèrent ses pères : qu'en France, aujourd'hui, les mœurs sont douces ; que les opinions les plus diverses sont librement émises ; qu'il y a de la liberté. Il ne vous croit pas ; il ne peut pas vous croire ; il est sous le joug de la terreur comme en 1793. Il pense que la France est livrée au comité de salut public.

J'espère encore que de grands malheurs, de sanglantes réactions ne surgiront pas d'une oppression si propre à les provoquer. Je fonde cette espérance sur le caractère excellent de ce peuple si méconnu, et sur la douce et pacifique influence d'un clergé outragé, calomnié sans relâche. Le passé d'ailleurs me donne confiance en l'avenir.

En d'autres temps, à d'autres époques, il y a eu des insurrections dans la Vendée. L'état de guerre étant fini, en 1796, en 1800, en 1815, pas une violence n'a été commise, pas une vengeance exercée ; des maisons isolées ont été habitées avec sécurité par des hommes

qui semblaient menacés de cruelles repré-
sailles ; ils ont pu parcourir impunément, le
jour et la nuit, seuls et sans armes, des contrées que peu de jours auparavant ils avaient
traversées en ennemis, guidant des colonnes
ennemies. Il en sera ainsi, j'ose m'en flatter,
si jamais un gouvernement habile, une administration prudente rétablissent l'ordre
dans un pays où il a été troublé principale-
ment par l'incapacité et le mauvais vouloir
des agens de l'autorité.

Toutes les places mêmes gratuites sont oc-
cupées dans la Vendée par des hommes d'une
opinion différente de celle de la majorité des
habitans. Nulle part les destitutions n'ont
mis plus de familles au désespoir, nulle part
la *curée* des emplois n'a été plus complète et
plus éhontée. Je vois avec une profonde peine
cette minorité se montrer passionnée contre
le peuple au milieu duquel il lui faut vivre.
Je déplore cette ancienne exaspération. Je
plains les hommes qui nourrissent des sentimens de haine. Malheureux, vous déclamez
contre les prêtres et contre ce que vous ap-
pelez les privilégiés, comme si ce mot avait

un sens dans la langue du 19ᵉ siècle. Mais
sans l'influence de la religion, sans celle des
hommes anciennement investis de la confiance du peuple, combien d'entre vous eussent à différentes époques été victimes de
funestes vengeances. Les amis de leur pays,
ont horreur du sang et des réactions. Les
hommes qui seraient dans le cas d'en redou-
ter les effets, doivent souhaiter que nos paysans
demeurent fidèles à cette religion sainte qui
fait un devoir du pardon des injures.

CHAPITRE VI.

De ce qu'eut fait dans l'Ouest un gouvernement
habile.

Trois partis, ou pour parler plus exacte-
ment, trois divisions d'opinions semblaient
menacer le gouvernement sorti de la révolution de 1830. La légitimité, la république et
l'empire.

Dans la même saison, une tentative légitimiste échoue dans l'Ouest; une insurrection
républicaine est réprimée à Paris : Napo-
léon II meurt à Vienne.

Jamais tant de circonstances ne concouru-
rent en faveur d'un gouvernement nouveau.
Le ciel aurait-il permis que ce pouvoir se
consolidât. Lui plairait-il au contraire de

prouver au monde qu'il est des conditions de durée hors desquelles aucun gouvernement ne peut se fonder, qu'il est des causes de ruine qu'il ne porte pas impunément en son sein, quelques circonstances qui semblent le favoriser ?

Je suis porté à interpréter en ce sens le jugement de Dieu, quand je considère le peu d'avantage que la monarchie des barricades a su tirer des fautes de ses ennemis, les petites vues qui ont présidé à ses conseils en de si grandes circonstances. Je dois me renfermer dans le cercle que je me suis tracé. Voyons comment des esprits élevés, des ministres habiles auraient envisagé la question de l'Ouest.

Ils auraient vu du premier coup d'œil, ce que n'aperçoivent pas encore les conseillers actuels de la couronne, qu'il n'y a plus de Vendée que dans l'histoire ancienne, que les légitimistes belligérans ne sont plus à craindre pour la monarchie de 1830 ; que la puissance présente de la légitimité est toute dans son principe d'ordre et que le seul moyen efficace de combattre cette puissance est de fonder l'ordre en France, d'y prévenir les

violences et la rude domination des partis;
de gouverner dans l'intérêt du pays, d'obéir
à la raison seule, non aux exigences des haines et des passions locales. Quand celles-ci
ont forcé le pouvoir à leur obéir, elles ne
tardent pas à s'armer contre lui des mesures
tyranniques qu'elles lui ont extorquées.

Des ministres habiles eussent trouvé de
grands avantages à la position que leur
avaient faite d'inhabiles ennemis. Ils se seraient rattachés solidement la foule des hommes paisibles qui redoutent par dessus toutes
choses le triomphe d'un parti armé. La démonstration intempestive de ce parti a mo-
mentanément aliéné ces hommes : mais il
faut pour les attacher des conditions d'ordre
que ne leur présente pas le gouvernement actuel.

M. Cas. Perrier avait, je le crois, dans le
cœur et dans l'esprit ce qu'il faut pour comprendre cette position. Il n'eût pas cédé niai-
sement à l'enivrement d'une victoire imagi-
naire. Parce que quelques centaines d'insurgés
avaient été comprimés par des troupes nom-
breuses et par les gardes nationales des

villes, il n'eût pas cru qu'il avait triomphé en une semaine de la Vendée de 1793. Ce ministre éclairé, homme de probité, eût frémi à l'idée de traiter en pays conquis des contrées où le peuple venait de prouver qu'il voulait le repos, et avait droit à la protection des lois. Il aurait senti que les malheureux qui avaient rêvé une restauration armée, n'avaient servi que le gouvernement établi : que les mesures vexatoires étaient à la fois iniques et impolitiques, et comme il aimait la force, il aurait eu celle de finir tous les troubles de l'Ouest par une amnistie large et sans restrictions. Je regrette que cette marche n'ait pas été suivie parce que je suis bon Français, ami de mon pays, plus qu'homme de parti; mais assurément elle eut été redoutable aux intérêts de la légitimité.

CHAPITRE VII.

Des fautes commises par les légitimistes.

Ici la tâche que je me suis imposée devient pénible. J'aurais été fort tenté de supprimer ce chapitre; mais alors il m'eût fallu supprimer cette brochure entière. J'ai pu ne pas parler, je puis ne pas écrire. Il n'est point dans mon caractère, dans mes idées du devoir, de traiter une question sans l'épuiser, sans dire tout ce que je pense, n'importe qui doit atteindre ma franchise. Ici je déplore les tentatives d'insurrection; je les crois imprudentes, coupables même, cependant elles ont fait des victimes; mon blâme envers elles ne sera pas l'insulte d'un lâche : il existe des accusés, des fugitifs, des prisonniers même. Ils ont au

moins le droit d'attendre des gens de cœur
le respect dû à l'infortune : assurément je ne le
leur refuserai pas. Je puis déplorer le faux
emploi du courage; mais j'honore le courage,
et je le reconnais chez des jeunes gens dont
l'âge excuse l'irréflexion, chez d'anciens royalistes, pour lesquels la légitimité est une religion qui n'admet aucune controverse. Je
fais enfin une large part d'estime à tout
homme dont l'attachement à sa cause est
puissant et désintéressé, et qui pour la défendre ne compromet la vie et le repos des
autres qu'après avoir prodigué sa vie et ses
biens. Quarante années de révolutions et de
guerres intestines doivent avoir fait raison
de cette injustice qui ne nous laisse honorer
que ceux qui pensent et agissent comme
nous.

Si l'illustre veuve du duc de Berry a cru le
moment venu de ressaisir pour son fils la
couronne que les ordonnances du 25 juillet
firent tomber du front de son aïeul , c'est
que des rapports mensongers lui ont présenté
un parti puissant, une organisation impo-
sante. Ils sont coupables envers la France, je

ne crains pas de le dire, ceux qui ont ainsi abusé cette princesse, qui l'ont livrée au sort le plus cruel, qui ont compromis sa cause et appelé sur leur pays d'immenses malheurs.

Je m'abstiendrai de parler de Madame, M. de Châteaubriand était seul peut-être digne de dire son courage et son infortune. Cette grande voix s'est fait entendre. Qui oserait ajouter des paroles vulgaires aux paroles élevées qui ont retenti dans toute la France.

Et s'il était des intrigans qui eussent compromis des gens d'honneur trop crédules en se tenant eux-mêmes à l'abri du danger, ne serait-il pas permis de les flétrir ? Faudra-t-il honorer de la même estime des hommes qui expient par la persécution des erreurs généreuses, et ceux qui, croyant qu'ils pourraient toujours conspirer sans danger, et que quelque jour la restauration inévitable surgirait de quelque circonstance imprévue, voulaient s'assurer du pouvoir et de l'importance ce jour venant. Ceux-là jugeaient Madame d'après leur triste caractère, et ne s'attendaient guères à ce que son grand cœur la portât à venir s'assurer par elle-même d'une si terrible déception.

Je sais que de bonnes gens, des personnes honnêtes ont partagé de bonne foi des illusions. Tant que des opinions erronnées ne sont que des opinions, chacun a le droit de les combattre; nul n'a celui de les condamner. Mais quand des opinions se révèlent par des faits, et que ces faits sont malheureux, ceux qui ont contribué à les produire, en supportent la responsabilité. Ceux qui n'ont point été mus par des motifs honteux, par des ambitions personnelles, ont eu au moins beaucoup de présomption et une présomption condamnable.

En effet, des hommes se sont rencontrés, attachés de cœur et de principes à la légitimité, qui ont vu et apprécié combien étaient illusoires pour elle, funestes à la France, les tentatives qu'on rêvait pour la rappeler. Ces hommes ont été traités d'insensés, peut-être de lâches et de traîtres. On n'a cru qu'à soi, on n'a obéi qu'à sa passion. On est comptable du mal qu'on a fait. *Les bonnes intentions*, à dit un homme d'esprit, *sauveront beaucoup*

*de gens dans l'autre vie : elles n'absolvent
point les hommes publics en celle-ci.*

J'aperçois dans les fautes que je signale,
la suite des fautes qui ont perdu le gouvernement de la restauration ; j'aperçois le
même principe ; parfois je rencontre les mêmes
personnes.

Après dix années de restauration, lorsqu'en
Espagne la gloire de la France eut rallié
sous le même drapeau des hommes qui
avaient combattu sous des bannières différentes : lorsque Charles X fut monté sur le
trône, aux acclamations universelles de Paris
et des provinces, il se trouva de vieux royalistes, des hommes dont la fidélité ne s'était
jamais démentie, qui crurent le moment ar-
rivé *de fermer l'abîme des révolutions.* Ces
hommes pensèrent que le temps des épura-
tions était passé; que les Français ne devaient
plus être classés par catégories. Ils pressèrent
le gouvernement d'entrer franchement dans
l'esprit du temps et des institutions nouvelles.
Ils repoussèrent dans les chambres législa-
tives, les empiétemens du pouvoir sur les
droits de la nation; ils combattirent les lois

proposées en opposition aux besoins et aux vœux de la France; ils repoussèrent les mesures qui tendaient à enlever au roi la confiance et l'amour de ses sujets (1).

Ces royalistes ne furent pas plus heureux alors qu'ils ne l'ont été dans ces derniers jours. On a, malgré leurs réclamations, com-

(1) On sait quel fut contre les royalistes dont je parle le déchaînement de la presse alors absolutiste ; on se rappelle dans quel ignoble argot elles les poursuivit : *les pointus, la défection, les renégats.* M. de Châteaubriand était placé à la tête de ceux-ci.

Et les pauvres 221 : ils étaient quelque peu régicides. Or, dans le nombre se trouvaient MM. Hyde de Neuville, Royer-Collard, Delalot, de Montbrian et autres, semblables ennemis de la monarchie.

Je n'ai point fait partie de la *défection,* puisque j'avais cessé d'être député quand ce sobriquet fut inventé. Je n'étais pas des 221 ; mais j'ai lu leur adresse et je la jugeai par moi-même, non par les clameurs qui la dénaturèrent. A mon avis, elle exprimait en termes trop incisifs le défaut d'harmonie entre les vœux de la France et de la chambre et l'esprit du ministère. Elle blessait quelques convenances, et je vis avec peine le rejet de l'amendement de M. de Lorgeril, qui les ménageait toutes en, laissant subsister l'expression des vœux de la France. Quant à cette expression, loin de la blâmer, je pense qu'il était du droit et du devoir des députés de la porter aux pieds du trône.

promis le retour de la légitimité par une tentative insensée de guerre civile. Leur opposition ne put, aux temps passés, empêcher
des lois impopulaires, la dissolution de la
garde nationale de Paris, enfin les ordonnances du 25 juillet 1830.

Le même principe, les mêmes illusions ont
produit ces calamités diverses. Alors, comme
aujourd'hui, on se refusa à voir la France
telle que le temps l'avait faite. On ne voulut
pas comprendre que de nouvelles générations
n'étaient point façonnées aux idées de notre
jeunesse : on s'irrita contre la licence de la
presse, sans s'avouer la nécessité de sa liberté.
Le roi voulait la Charte; il fallut bien la
supporter, mais sans reconnaître en elle le
palladium de la légitimité. Les opinions li-
bérales furent en masse proscrites et réputées
révolutionnaires et hostiles au roi. On ne
comprit pas que ces opinions étaient celles de
l'immense majorité des Français, et que cependant les ennemis de la légitimité for-
maient une très petite minorité. On porta
peu à peu une force immense à cette minorité, en donnant de la méfiance au pays et

en l'irritant par des mesures imprudentes.

On disait sous la restauration que le plus grand nombre des Français était royalistes. On a dit depuis la révolution que la grande majorité en France regrettait la légitimité. On disait et on a dit vrai : mais ces vérités sont relatives. Oui, cette majorité était royaliste constitutionnelle. Oui, cette majorité regrette la prospérité dont elle jouissait sous la restauration ; mais elle repoussait et elle repousse les idées d'un autre âge et la domition d'un parti.

Ce n'est point dans un esprit d'aigreur et de récrimination, que je rappelle les erreurs et les fautes passées. Cet esprit ne fut jamais le mien. J'ai passé ma vie lié avec des hommes d'opinions opposées aux miennes, estimé d'eux, et les estimant. Ils croyaient *mes erreurs* consciencieuses : je rendais même justice aux leurs. J'ai subi et n'ai jamais pratiqué l'intolérance ; je ne me suis séparé que des hommes qui me semblaient sacrifier à leur orgueil ou à leurs intérêts leurs principes et leurs devoirs.

Mais étant convaincu que le retour à l'ordre est impossible avec l'absolutisme, l'ancien régime, l'esprit de parti, j'ai voulu établir que le parti hostile aux libertés est anéanti : qu'il n'a de son vivant nui qu'à la monarchie, servi que la révolution ; que quelles que soient les destinées futures de la France, rien ne peut lui rendre le pouvoir.

Je suis persuadé que cette démonstration est utile, parce que l'erreur contraire est accréditée méchamment et qu'elle est servie par l'inconséquence de quelques propos, par la direction fausse et intolérante de quelques écrits. Or, aujourd'hui les hommes qui paraissent les plus hostiles à la légitimité, ne le sont qu'aux hommes et aux principes qui leur semblent former son cortège obligé. On ne hait point la branche aînée des Bourbons, l'opposition qui se manifeste à son retour tient à ce qu'on ne le suppose possible qu'avec le système d'exclusion et les hommes exclusifs.

Ceci posé : je reconnaîtrai que les plus honnêtes gens du monde ont méconnu leur temps et partagé des erreurs funestes. Dans les provinces surtout, les hommes vivaient trop isolés les uns des autres. On ne voyait que les gens de son opinion ; on ne lisait que le journal qui y répondait. On ne suivait pas le mouvement de l'esprit public, les modifications que le temps amenait dans les hommes et dans les choses. On se méconnaissait de part et d'autre, faute de se rencontrer. Le *libéral* ne voyait dans le *royaliste* que l'homme du pouvoir absolu. Le gentilhomme lui apparaissait rêvant toujours vasselage et féodalité, comme le figuraient dès-lors les peintres de mœurs du vaudeville. Le *royaliste* comprenait peu la distance qui séparait le libéral de nos jours du jacobin du bon temps. J'en ai vus des uns et des autres, tout étonnés de s'être rencontrés sur un terrain neutre et de s'être réciproquement trouvés bonnes gens et fort raisonnables. J'ai pensé souvent qu'un état de société nouveau ne pouvait être consolidé que par une génération nouvelle, étrangère aux souvenirs comme aux crimes du passé. Les fautes du pouvoir n'ont pas laissé le temps de s'éteindre à la génération qui avait souffert ou profité de nos terribles révolutions.

CHAPITRE VIII.

Considérations générales.

DE ce que la légitimité belligérante n'a au‑
cune chance de succès en France, s'ensuit‑il
que le dogme conservateur de la légitimité
ne puisse dans la suite, offrir aux Français
un refuge unique contre les malheurs dont
les menacent les conséquences du dogme sub‑
versif de la souveraineté du peuple? Je ne le
pense pas; parce que je n'attends point du
gouvernement actuel la sagesse et la force de
dominer les passions haineuses, l'esprit étroit
et hostile à tous les principes de l'ordre. Le
prince d'Orange y réussit en Angleterre : ses
publicistes furent jusqu'à le prétendre légi‑
time. C'était un très habile homme que Guil-

laume III , puis son trône fut élevé et sou-
tenu par une habile et puissante aristocratie.

Si comme Guillaume, Louis-Philippe pouvait renfermer dans un sanctuaire impéné-
trable la déclaration de la souveraineté du
peuple ; s'il savait comprimer les partis ;
donner à tous les Français cette parfaite liberté à laquelle ils ont droit et dont depuis un
siècle ils n'ont joui que quinze années : assurément Louis-Philippe aurait un règne long
et prospère; quelques vieux *jacobites* demeu-
reraient fidèles *au droit* et à de touchantes
affections. Mais *le fait* serait inattaquable.
Les hommes qui aiment leur pays avant tout
feraient taire d'anciens souvenirs et se rallie-
raient au pouvoir qui assurerait la liberté
à tous les citoyens, l'honneur et la prospérité
à la France.

Mais tant que les choses iront ainsi qu'elles
ont été, une classe nombreuse d'hommes honorables demeurera en dehors du gouvernement. Ile ne conspireront point, parce que
les conspirations sont toujours inutiles ,
niaises et criminelles. Ils n'invoqueront pas
l'odieux secours de l'étranger , parce que le

sang français coule en leurs veines dans toute sa pureté : ils ne provoqueront point la guerre civile, parce qu'il n'est pas d'un bon citoyen d'en appeler les maux sur son pays, pour le triomphe de telle ou telle doctrine. Mais ces hommes espèreront de l'avenir ce que le présent leur refuse.

Et à quel titre le gouvernement actuel réclamerait-il leur concours? Il leur a été constamment hostile. Dès l'an 1830, un ministre osa classer à la tribune les Français en *vainqueurs* et en *vaincus*. Depuis, on a gouverné dans le sens de cette étrange définition. Le citoyen qui a embrassé l'état ecclésiastique, celui qui est né de parens nobles, le fonctionnaire qui ne se vante pas d'avoir trahi le gouvernement qui avait reçu ses sermens, semblent une caste de *Parias*. Il faut une enquête sur les opinions politiques d'un garde champêtre, ou d'un percepteur de village.

A de semblables conditions, le gouvernement se tiendra séparé d'une classe d'hommes sans laquelle aucun gouvernement ne peut avoir de durée ; parce que dans les sommités sociales, dans les hommes dont les principes et l'éducation sont élevés, se trouvent les doctrines conservatrices, les forces vitales de la société. L'égalité devant la loi, le droit de tous de parvenir à tout, telles sont les conquêtes de 1789, tel est le droit public irrévocable de la France. Mais il doit être bien compris. Cette égalité n'est point l'égalité absolue, absurde au moral comme au physique, qui est mortelle aux républiques comme aux monarchies, incompatible avec la liberté, et qui ne peut exister que dans les états despotiques.

Que les honnêtes gens ne se laissent pas abuser par une erreur que la mauvaise foi et la sottise cherchent à accréditer. On veut se prévaloir du petit nombre de Français qui se sont ralliés aux folles et coupables entreprises tentées au nom de la légitimité pour conclure que les légitimistes forment en France une imperceptible minorité.

Grace au ciel, le nombre est petit des hommes qui conspirent dans les tavernes, avec les *émeutiers* des rues et les espions de la police et de ceux qui croient à la guerre civile dans la France de notre époque.

Mais il me semble que le nombre est grand, sur tous les points du royaume, des hommes qui ont attesté leurs regrets et leurs princi-pes, en abandonnant des carrières honora-blement parcourues, dans la magistrature, dans l'armée, dans l'administration. Les collèges électoraux, les assemblées municipales sont partout désertées par un assez grand, nombre de citoyens. Ici je constate un fait. Je suis très loin d'applaudir à une conduite différente de celle que j'ai cru devoir tenir. Je respecte profondément les scrupules et j'ai horreur des parjures : je regrette sur une question de cette gravité de ne pas voir comme les hommes que j'honore le plus; mais je regarde comme très malheureux pour mon pays, l'abandon systématique fait par tant d'honnêtes gens de leurs droits électo-raux(1).

(1) M. de Salvandy, dans un écrit remarquable de raison et de courage, observe que le refus de serment est propre à l'opinion légitimiste. En effet, nous ne voyons guère aujourd'hui les républicains arrêtés par la difficulté du serment, et beaucoup d'hommes qui

En France, aux jours où nous sommes, l'immense majorité des habitans, usée par plus de quarante années de troubles et de changemens, ne se passionne plus ni pour ni contre aucune race ni aucun système : on veut l'ordre et le repos. Il y a eu un moment d'irritation contre ceux qui ont tenté de renverser ce qui existe, qui ont troublé le peu d'ordre que le gouvernement présent nous donne. On a commencé par imputer à la généralité des légitimistes les fautes du petit nombre. Déja cette irritation se calme, le succès obtenu par M. Thiers et M. Deutz, n'a soulevé que du dégoût parmi ceux-la même dont il n'a pas blessé les plus vives affections. Bientôt on verra clairement que *le progrès* tant annoncé ne se révèle que dans la dette publique et dans l'impôt ; que l'ordre et la prospérité ne sont pas dans les *conséquences de la révolution de juillet.*

assurent depuis 1830 avoir détesté et méprisé la restauration, n'ont pas répugné à en recevoir des emplois et des faveurs. Je ne sache pas qu'une seule place ait été refusée sous Louis XVIII et sous Charles X, parce que la condition du serment y était attachée.

Les demandera-t-on à la république ? Non. Chacun sent que nous n'avons ni les mœurs ni les conditions d'un gouvernement républicain libre et protecteur des droits de tous. Les propos, les écrits des hommes qui seuls peuvent réaliser cet état de société seront nécessairement impopulaires dans les classes qui possèdent. Les lithographies, les éloges historiques, les poèmes à la louange de MM. Robespierre, Marat, Saint-Just et Louvel, effraient les faibles. On craindrait que la liberté promise ne fut encore une fois l'oppression de la majorité par une minorité terrible. On espèrerait peu pour modérer l'âpreté de la république des mœurs douces de M. Lafayette. On l'a vu toute sa vie dominé et dépassé par les partis dont il avait la naïveté de se croire le chef. Son désintéressement personnel ne suffit pas pour répondre du désintéressement des 60,000 pétitionnaires dont il apostilla les demandes en 1830.

Les hommes attachés au dogme de la légitimité par amour pour leur pays, doivent attendre en repos les décrets de la providence. Si le gouvernement actuel succombe aux conditions de son origine et à l'incapacité des hommes qu'il a jetés au pouvoir, le seul recours de la France sera au gouvernement qui la rendit quinze ans libre, prospère et glorieuse. S'il revient, c'est qu'il sera nécessaire, c'est que lui seul sera possible. Nous qui l'avons regretté, nous qui avons desiré son retour dans l'intérêt de notre patrie, nous ne ferons rien pour ramener par le désordre un principe d'ordre ; nous avouerons même notre estime et notre reconnaissance envers les hommes qui auront empêché la révolution d'être ensanglantée, nos mœurs actuelles de devenir féroces, et nous n'applaudirons à une restauration qu'autant qu'elle s'opèrera par les doctrines et non par la force ; qu'elle sera, non le triomphe d'un parti, mais la fin de nos discordes et le signal de la réunion des hommes de bien de tous les partis.

FIN.

IMPRIMERIE D'A. PIHAN DE LA FOREST,
rue des Noyers, n° 37.

www.ingramcontent.com/pod-product-compliance
Lightning Source LLC
LaVergne TN
LVHW011353170726
843501LV00006B/1803